Obsequiada a:

Por:

Fecha:

LA PRIMERA BIBLIA PARA NIÑOS

LA PRIMERA BIBLIA PARA NIÑOS

Kenneth N. Taylor

Ilustrada por Nadine Wickenden

y Diana Catchpole

Tyndale House Publishers

Carol Stream, Illinois, EE. UU.

Ilustraciones: Nadine Wickenden, Diana Catchpole
Diseño: Jim Bolton, Peter Bailey, Ann Salisbury
Edición en inglés: Claudia Volkman, Betty Free, Dave Barrett
Traducción al español: Adriana Powell Traducciones
Edición en español: Christine Kindberg

Visite Tyndale para niños: tyndale.com/kids.
TYNDALE y el logotipo de la pluma son marcas registradas de Tyndale House Ministries. El logotipo de Tyndale Niños y el logotipo de Tyndale Kids son marcas de Tyndale House Ministries.
La primera Biblia para niños

Originalmente publicado en inglés como A *Child's First Bible*, por Tyndale House Publishers en Estados Unidos y por Dorling Kindersley en Gran Bretaña, con ISBN 978-0-8423-3174-6 e ISBN 978-0-8423-3199-9 (edición con asa).

Para información sobre la fabricación de este producto, favor de llamar al 1-800-323-9400.
Para información acerca de descuentos especiales para compras al por mayor, por favor contacte a Tyndale House Publishers a través de espanol@tyndale.com.

Library of Congress Cataloging-in-Publication Data
Names: Taylor, Kenneth Nathaniel, author. | Wickenden, Nadine, illustrator. | Catchpole, Diana, illustrator. Title: La primera Biblia para niños / Kenneth N. Taylor ; ilustrada por Nadine Wickenden y Diana Catchpole ; traducción al español, Adriana Powell Traducciones. Other titles: Child's first Bible. Spanish Description: Carol Stream, Illinois : Tyndale House Publishers, [2019] | Audience: Ages 4-8 | Audience: Grades K-1 Identifiers: LCCN 2019047975 | ISBN 9781496444158 (hardcover) Subjects: LCSH: Bible stories, Spanish. | Bible--Paraphrases, Spanish. Classification: LCC BS551.3 .T3918 2019 | DDC 220.95/05--dc23 LC record available at https://lccn.loc.gov/2019047975

Printed in China
Impreso en China

24 25 26 10 9 8 7 6 5 4
022–KM875–Jul/2020

Queridos niños:

Este librito está lleno de las historias preferidas de la Biblia. Es muy importante conocer estas historias bíblicas porque la Biblia es el libro de Dios. La Biblia nos dice cómo desea él que vivamos y qué quiere que hagamos.

¿Por qué no leer una historia por día, o más de una? Quizás ya sepas leer. Si no, puedes pedirle a alguien que te lea las historias. Al final de cada historia, hay una pregunta para responder. Estas preguntas pueden ayudarte a pensar qué significa la historia. Después de leer una historia, puedes hablar con Dios. Puedes decirle que lo amas. Puedes contarle todas las cosas que quieres que él sepa.

Recuerda pedir la ayuda de Dios todos los días. Pídele que te acompañe todo el tiempo. Pídele que te ayude a ser obediente, a él y a tus padres. ¡Y siempre recuerda lo mucho que Dios te ama!

Kenneth N. Taylor

En el principio, solo existía Dios.

Dios creó el mundo entero.

Dios creó el agua y el cielo.
Creó las flores y los árboles.
Él puso el sol en el cielo.
Creó a los peces y a
los pájaros.

Todo era bueno.

GÉNESIS 1

Menciona algo que Dios creó.

Luego, Dios creó a las personas. Primero hizo a un hombre llamado Adán.

Dios puso a Adán en un bello jardín, llamado el jardín de Edén.

Le dijo a Adán que les pusiera nombres a todos los animales. Luego, Dios hizo a la primera mujer, Eva. Ella se convirtió en la esposa de Adán.

Eran muy felices.

GÉNESIS 1–2

¿Qué trabajo le confió Dios a Adán?

Adán y Eva no obedecieron a Dios. Por eso, Dios los expulsó del bello jardín.

¡Qué día tan triste fue ese!

Adán y Eva nunca podrían regresar al jardín de Edén.

Unos ángeles con una espada de fuego ardiente los mantenían alejados.

GÉNESIS 3

¿Por qué Adán y Eva se fueron del jardín?

Caín y Abel eran hermanos.
Sus padres eran Adán y Eva.

Abel amaba a Dios y lo obedecía, pero Caín no. Estaba enojado y mató a Abel. Eso fue muy malo, y Dios estaba muy triste. El resto de la vida de Caín fue dura y difícil.

GÉNESIS 4

¿Cómo se sintió Dios cuando Caín no lo obedeció?

¡Dios dijo que haría llover hasta que hubiera agua en todas partes!

Noé le creyó a Dios.

Dios le dijo a Noé que construyera un gran barco. Lo llamó «arca».

Noé obedeció a Dios. Los tres hijos de Noé lo ayudaron a construir el barco sobre tierra firme.

Dios prometió mantener sanos y salvos a Noé y a su familia.

GÉNESIS 6

¿Cómo se llamaba el gran barco de Noé?

Por fin, el gran barco estuvo listo.

Entonces Dios dijo: «Noé, lleva contigo una pareja de cada animal y de cada especie de ave».

Todos entraron en el arca. Luego, Dios cerró la puerta.

GÉNESIS 7

¿Por qué quiso Dios que los animales y las aves entraran al barco?

Noé y su familia estaban a salvo dentro del arca.

Entonces, empezó a llover.

Llovió y llovió sin parar. El agua cubrió toda la tierra. Pero dentro del arca estaba seco.

GÉNESIS 7

¿Qué lugar era seguro y seco?

¿Qué son todos esos colores hermosos en el cielo? ¡Es un arco iris! Dios lo puso ahí como recuerdo de su promesa de que nunca volvería a cubrir la tierra con agua.

Noé, su familia y los animales salieron del arca. Luego, Noé agradeció a Dios por mantenerlos a salvo.

GÉNESIS 8–9

¿Por qué puso Dios un arco iris en el cielo?

Algunas personas intentaron construir una torre que llegara hasta el cielo. Querían demostrar lo grandes que eran.

A Dios no le gustó eso, así que los detuvo. Hizo que hablaran diferentes idiomas. ¡No se entendían entre sí! Y no podían trabajar juntos para terminar la torre.

GÉNESIS 11

¿Por qué quería la gente construir la torre?

Abraham era el amigo especial de Dios.

Dios les dijo a Abraham y a su esposa, Sara, que se trasladaran a otro país. Dios prometió hacer cosas buenas por ellos. Abraham obedeció a Dios.

Sabía que Dios lo ayudaría,
y no sintió miedo.

GÉNESIS 12

¿Por qué no tuvo miedo Abraham?

Abraham y su sobrino Lot vivían muy cerca el uno del otro. Cada uno poseía muchas vacas y ovejas.

No había pastos suficientes para alimentar a todos los animales. Abraham le dijo a Lot: «Debemos vivir en lugares distintos».

Como Lot era egoísta, eligió el lugar con más hierba y agua.

GÉNESIS 13

¿Es mejor pelear o compartir?

Sara y Abraham estaban tristes.
No tenían hijos.

Hacía mucho tiempo, Dios les había prometido un hijo. Por fin, cuando eran muy ancianos, nació su bebé, Isaac. ¡Entonces Abraham y Sara fueron muy felices!

GÉNESIS 21

¿Te es fácil esperar las cosas que quieres?

Isaac creció
y se casó con
Rebeca. Tuvieron
hijos mellizos.

Un día, cuando su hijo Jacob creció,
se fue de casa. ¡Durmió al aire libre
y recostó su cabeza sobre una roca!

Jacob soñó
con ángeles que
subían y bajaban
por una escalera desde el
cielo. Dios dijo: «Yo estoy
contigo y te protegeré».

GÉNESIS 28

*¿Qué le dijo Dios
a Jacob en su sueño?*

Cuando eran niños, Jacob y su hermano mellizo, Esaú, jugaban juntos.

Luego, cuando crecieron, Jacob le tendió una trampa a su hermano.

Por eso, Jacob tuvo que irse a vivir muy lejos.

Muchos años después, Jacob le dijo a Esaú que deseaba volver a ser su amigo. ¡Esaú corrió a encontrarse con Jacob y se abrazaron fuertemente!

GÉNESIS 33

¿Llegaron a ser amigos otra vez Jacob y Esaú?

Jacob tuvo doce hijos. Uno fue José.

Jacob amaba tanto a José
que le dio un regalo especial.
Era una hermosa túnica.

Los otros hijos de Jacob también querían hermosas túnicas. Se enojaron con José y fueron malos con él.

GÉNESIS 37

¿Por qué los hermanos de José estaban enojados con él?

El pequeño Moisés no estaba a salvo. Por eso, su familia lo escondió en una canasta.

Una princesa encontró al bebé flotando por el río en su canasta.

Unos hombres malos querían matar al bebé.

Dios envió a la princesa para que encontrara al pequeño Moisés y lo cuidara.

ÉXODO 2

¿Quién mantuvo a salvo al pequeño Moisés?

Cuando Moisés llegó a ser adulto, cuidaba ovejas.

Un día, vio que una zarza estaba en llamas, ¡pero no se estaba quemando! Dios le habló a Moisés desde la zarza. Le dijo: «Guía a mi pueblo a salir de Egipto». Moisés no creía poder hacerlo, pero Dios prometió ayudarlo.

ÉXODO 3

¿Qué te puede ayudar a hacer Dios?

El pueblo de Dios tenía que hacer ladrillos en Egipto.

El faraón, el rey de Egipto, era muy malo. Les dijo a sus soldados que dieran latigazos al pueblo de Dios para hacerlos trabajar aún más duro. Dios envió a Moisés a decirle al faraón que dejara de lastimar a la gente.

ÉXODO 5

Moisés ayudó a la gente. ¿Cómo puedes ayudar tú a alguien?

Moisés le pidió al faraón que dejara que el pueblo de Dios se mudara a otro país. Pero el faraón dijo que no.

Dios castigó al faraón, enviando ranas y moscas a todas las casas egipcias.

El faraón seguía sin dejar que el pueblo de Dios se fuera. Entonces Dios dijo que el hijo mayor de cada familia egipcia moriría.

ÉXODO 7–11

¿Por qué castigó Dios al faraón?

El faraón no quiso escuchar, entonces Dios lo castigó. Pero Dios protegió a su pueblo. Vivieron todos los que rociaron la puerta de su casa con sangre de cordero.

La noche que Dios hizo esto se llama la Pascua.

Finalmente, el faraón le dijo a Moisés que se llevara al pueblo de Dios. ¡Salieron de Egipto esa misma noche!
ÉXODO 12

¿Cómo cuida Dios a tu familia?

El pueblo de Dios siguió a Moisés hasta el mar Rojo. No sabían cómo cruzarlo. Dios le dijo a Moisés que levantara su vara.

Cuando lo hizo, Dios abrió un camino a través de las aguas para que el pueblo pudiera atravesarlas caminando sobre tierra seca. ¡Estaban a salvo!

ÉXODO 14

¿Cómo ayudó Dios a su pueblo?

El pueblo de Dios no encontraba nada que comer.

Tenían mucha hambre. Dios les mandó pedacitos de pan desde el cielo.

Cada mañana, mandaba la cantidad suficiente para ese día.

ÉXODO 16

¿Qué te da Dios para comer?

El pueblo de Dios llegó a un lugar donde no había agua para beber.

Moisés le preguntó a Dios qué hacer por su pueblo sediento.

Dios le dijo que golpeara una gran roca con su vara. Cuando Moisés lo hizo, salió agua, ¡y hubo suficiente para todos!

ÉXODO 17

¡Recuerda darle gracias a Dios por el agua que bebes!

Llegó un ejército para pelear contra el pueblo de Dios.

Mientras que Moisés sostenía en alto su vara especial, el pueblo de Dios ganaba la batalla. Pero sus brazos se cansaron. Entonces el hermano de Moisés y un amigo lo ayudaron.

Encontraron una piedra para que se sentara. Sostuvieron sus brazos hasta que se puso el sol. Y el pueblo de Dios ganó la batalla.

ÉXODO 17

¿Cómo puedes ayudar a un hermano, una hermana o un amigo?

Moisés escaló una gran montaña. Allí Dios le dio diez reglas especiales, escritas sobre dos piedras. Dios quería que su pueblo supiera cómo obedecerlo.

Una regla es amar a Dios. Otra regla es amar y obedecer a tus padres. A estas diez reglas las llamamos los Diez Mandamientos.

ÉXODO 20, 24

¿Cómo se llaman las reglas de Dios?

Mientras Moisés estaba en la montaña con Dios, Aarón hizo un becerro. Lo fabricó con las joyas de oro que todos le entregaron.

El pueblo adoraba al becerro como si fuera un dios que podría guiarlos.

Esto hizo enojar a Dios. Pero Moisés le pidió a Dios que los perdonara. Y Dios lo hizo.

ÉXODO 32

¿Por qué se enojó Dios con el pueblo?

Moisés le dio al pueblo de Dios las indicaciones para que hicieran un tabernáculo. Esto era una carpa especial donde el pueblo de Dios podría adorarlo. Todos trabajaron con mucha dedicación hasta que estuvo terminado.

ÉXODO 35–36

¿Y tú? ¿Dónde adoras a Dios?

El pueblo de Dios se mudó muchas veces a sitios nuevos en el desierto.

Cada vez que se movía la nube especial que estaba sobre el tabernáculo, seguían su camino.

Dios estaba en la nube,
y el pueblo lo seguía.

ÉXODO 40

Dios está contigo también.
¡Dale gracias!

Moisés mandó a doce hombres a explorar la tierra que Dios había prometido darle a su pueblo.

Josué y Caleb volvieron y les contaron a todos lo hermosa que era esa tierra. Los otros diez hombres tuvieron miedo de los gigantes que vivían allí. Pero Josué y Caleb sabían que Dios los protegería, sin importar el tamaño de los otros hombres.

NÚMEROS 13–14

¿Qué puedes hacer cuando tienes miedo?

El pueblo de Dios tenía miedo. Unas serpientes venenosas estaban mordiendo a algunos de ellos.

Dios le dijo a Moisés que hiciera una serpiente de metal y que la pusiera en la punta de un poste. Las personas que habían sido mordidas por las serpientes podrían mirar a la serpiente de metal. Al hacerlo, Dios las sanaría.

NÚMEROS 21

Cuando estás enfermo,
¿quién puede curarte?

Balaam estaba de viaje. Dios mandó a un ángel con una espada para detenerlo. La burra de Balaam vio al ángel y no quiso moverse.

Esto hizo enojar a Balaam, y golpeó a su burra.

Entonces, ¡la burra habló! «¿Qué te he hecho?», preguntó.

Al fin Balaam vio al ángel y escuchó el mensaje que traía de parte de Dios.

¿Qué vio la burra primero?

NÚMEROS 22

Luego de que Moisés murió, Dios convirtió a Josué en el nuevo líder. Él tenía que ayudar al pueblo de Dios a cruzar el río Jordán.

Josué le dijo a los hombres que transportaban la caja especial con las leyes de Dios que caminaran adelante.

Cuando entraron en el río, la corriente de las aguas se apartó frente a ellos. ¡Entonces todos pudieron caminar hasta la otra orilla!

JOSUÉ 3

¿Cómo ayudó Josué al pueblo?

Josué era el nuevo líder del pueblo de Dios. Sus enemigos no los dejaban entrar en la ciudad de Jericó. Pero Dios le mostró a Josué cómo.

Josué y el pueblo marcharon alrededor de las murallas de la ciudad. Hicieron sonar sus cuernos y gritaron.

Entonces, ¡las grandes murallas se cayeron! El pueblo de Dios entró.

JOSUÉ 6

¿Cómo entró Josué a la ciudad?

Cinco ejércitos llegaron para pelear contra Josué y el pueblo de Dios.

El ejército de Josué estaba ganando, pero necesitaba más tiempo. Entonces Josué oró: «Que el sol se detenga».

¡Y Dios detuvo al sol en medio del cielo! No se puso por un largo tiempo.

El pueblo de Dios
ganó la batalla.

JOSUÉ 10

¿Crees que Dios puede hacer cualquier cosa?

Había miles de hombres esperando para combatir a los enemigos del pueblo de Dios. Dios le dijo a Gedeón que su ejército debía ser pequeño.

Gedeón llevó a todos los hombres al río. Dios dijo que solamente los trescientos hombres que bebieran el agua con sus manos podrían estar en el ejército.

Valientemente, Gedeón eligió solo a estos hombres, ¡y Dios los ayudó a ganar la batalla!

JUECES 7

¿Dejarás que Dios te ayude a ser valiente?

Dios hizo a Sansón
un hombre muy,
muy fuerte.

¡Rompió las sogas que lo amarraban!

Mató a un león con sus propias manos.

Derribó un gran edificio que cayó sobre muchos de los enemigos de Dios.

JUECES 14–16

¿Quién hizo tan fuerte a Sansón?

Job era un hombre bueno. Amaba a Dios, y Dios lo amaba a él.

Pero Dios permitió que se enfermara gravemente.

Le dolía todo el cuerpo.

Pero Job siguió
amando a Dios,
aun cuando
estaba enfermo.

JOB 1

¿Job dejó de amar a Dios?

Noemí estaba muy triste porque su esposo y sus dos hijos habían muerto.

Rut fue con Noemí en un largo viaje para ayudarla. Luego Dios las bendijo a ambas. A Dios le agradó que Rut fuera amable con Noemí.

RUT 1

Menciona algo bueno que puedas hacer por alguien de tu familia.

Samuel era el ayudante de Elí.

Una noche, mientras Samuel dormía, Dios lo llamó: «¡Samuel! ¡Samuel!». El niño pensó que era Elí quien lo llamaba.

Al fin Samuel supo que Dios lo estaba llamando. Samuel respondió: «Dime qué quieres, y yo lo haré».

1 SAMUEL 3

¿Quién llamaba a Samuel?

Dios eligió a Saúl para que fuera el rey del pueblo de Dios. Saúl era fuerte y atractivo. Pero no amaba a Dios. Saúl hacía cosas que estaban mal.

Entonces Dios dijo que ya no podría seguir siendo rey.

1 SAMUEL 9–10, 15

¿Por qué Saúl no pudo seguir siendo rey?

David cuidaba las ovejas de su padre.

Las llevaba a los mejores
pastos para que las ovejas comieran.

Y David protegía a las ovejas de los animales salvajes como los leones y los osos. David era un buen pastor.

1 SAMUEL 16

¿Qué hacía a David un buen pastor?

Un día, un león trató de cazar a una de las ovejas de David para comérsela. David le arrebató la oveja al león.

¡El león intentó comerse a David!

Pero Dios ayudó a David a matar al león. David era fuerte y valiente.

1 SAMUEL 17

¿Cómo protegía David a sus ovejas?

Goliat era uno de los enemigos de Dios. ¡Medía tres metros de altura! Había dicho que iba a matar a cualquiera que se atreviera a acercarse a pelear contra él.

David no le tenía miedo a Goliat porque sabía que Dios estaba de su lado.

David usó
su honda y
una piedra.

¡La piedra
golpeó a Goliat
entre los ojos y
lo mató!

1 SAMUEL 17

*¿Por qué no tuvo
miedo David?*

Después de que David mató a Goliat, todos lo felicitaron por ser tan valiente.

Uno de sus nuevos amigos era Jonatán, el hijo del rey. Jonatán estimaba tanto a David que le regaló su manto y su espada. David y Jonatán eran mejores amigos.

1 SAMUEL 18

¿Tienes un mejor amigo?

El rey Saúl quería matar a David.

Un día, el rey y sus soldados buscaron a David, pero no pudieron encontrarlo.

Esa noche, mientras el rey dormía, David se acercó y tomó su lanza. Pero David no lo lastimó porque Dios había elegido a Saúl para que fuera el rey.

1 SAMUEL 26

¿Por qué no lastimó David al rey?

Un día, mientras David cuidaba las ovejas de su padre, Samuel mandó a llamarlo. Cuando David llegó, vio a su padre y a sus hermanos.

Samuel estaba hablándoles. ¡Samuel dijo que Dios quería que David fuera el nuevo rey!

¡Qué sorpresa para David y su familia!

1 SAMUEL 16

¿Cuál fue la sorprendente noticia de Samuel?

El rey Saúl murió en una batalla. Entonces David se convirtió en el nuevo rey.

Quiso que la caja con las reglas de Dios estuviera cerca de él. Así que unos hombres cargaron la caja especial a la ciudad de Jerusalén. Mientras lo hacían, David y todo el pueblo celebraron con todo tipo de canciones y bailes.

2 SAMUEL 6

¿Tienes una Biblia? Entonces, ¡las reglas de Dios están cerca de ti!

Un día, el rey David vio a una joven hermosa. La muchacha estaba bañándose en una piscina cercana a su palacio. David la deseó para él, entonces hizo algo terrible.

David les ordenó a sus hombres que mataran al esposo de ella. Dios se enojó y castigó a David por hacerlo.

Pero Dios nunca dejó de amarlo.

2 SAMUEL 11–12

Cuando haces algo malo, ¿Dios sigue amándote?

Absalón quería ser el rey en lugar de su padre, el rey David. Un día, Absalón iba cabalgando sobre su mula.

Pero su cabello quedó enredado en las ramas de un árbol.

Su mula siguió y dejó a Absalón colgando del árbol. ¡Allí es donde los soldados de David lo encontraron!

2 SAMUEL 18

¿Por qué quedó colgado Absalón?

Salomón era el hijo del rey David. Él montó la mula del rey.

David le dijo que lo hiciera para que el pueblo supiera que Salomón era su nuevo rey. Uno de los ayudantes de Dios derramó aceite sobre la cabeza de Salomón para mostrar que Dios estaba complacido. Muchas personas tocaron música alegre. Oraron pidiendo que el rey Salomón viviera por mucho tiempo.

1 REYES 1

¿Por qué montó Salomón la mula del rey?

Salomón le pidió a Dios que lo ayudara a ser un buen rey. Por eso, Dios lo hizo muy sabio.

Un día, dos mujeres se presentaron ante el rey. Cada una quería al mismo bebé. Salomón mostró su sabiduría.

Dijo que la que amara al bebé podría tenerlo. Salomón sabía que esta mujer era la madre del bebé.

1 REYES 3

¿Qué significa ser sabio? ¿Quién puede hacerte sabio?

El rey Salomón construyó un templo. Era un edificio hermoso donde la gente adoraba a Dios.

Salomón le hablaba a Dios allí. Le daba gracias a Dios y lo alababa porque Dios es tan grande y tan bueno.

Salomón le pidió a Dios que siempre escuchara sus oraciones y las contestara.

1 REYES 6, 8

¿Y tú? ¿Dónde adoras a Dios?

¿Qué cosas le dices?

Salomón fue un buen rey mientras obedeció a Dios. Pero Salomón ¡empezó a orarles a animales hechos de oro, de plata e incluso de piedra!

¿Acaso podían contestar sus oraciones esos dioses falsos? Claro que no. Nuestro Dios real estaba enojado porque Salomón hizo esto. Dijo que le entregaría el reino de Salomón a otro.

1 REYES 11

¿Por qué estaba enojado Dios con Salomón?

Elías era un ayudante de Dios. Elías le anunció al rey que no llovería durante mucho tiempo por las cosas malas que el rey estaba haciendo.

Dios quiso que Elías estuviera a salvo. Le dijo dónde podía esconderse del rey. Allí, Elías encontraría agua para beber.

Dios hizo que unas aves le llevaran comida en sus picos.

1 REYES 17

¿Puedes confiar que Dios te dará agua y comida?

Elías quería que todos supieran que Dios contesta las oraciones.

Entonces les pidió a algunas personas que derramaran litros y litros de agua sobre una pila de leña y piedras. Luego Elías le pidió a Dios que enviara fuego desde el cielo.

El agua siempre apaga las llamas. ¡Pero el fuego que Dios mandó consumió toda el agua!

1 REYES 18

Cuenta alguna ocasión en la que Dios contestó una de tus oraciones.

Dios quiso que Elías viviera para siempre con él en el cielo. Por eso, Dios envió caballos de fuego para que le llevaran a Elías.

Los caballos arrastraban un carro que estaba hecho de fuego. ¡Elías subió al cielo montado en ese carro!

Eliseo, que era el nuevo ayudante de Dios, lo observó mientras se iba.

2 REYES 2

Tú conoces a alguien que está en el cielo.
¡Se llama Jesús!

Había una mujer con dos hijos que no tenía nada de dinero, pero poseía un frasco con aceite de cocina.

Eliseo le dijo: «Pídeles a tus amigos que te presten un montón de jarras vacías. Llena las jarras con el aceite de tu frasco».

La mujer vertió y vertió el aceite de su frasco. Pero, sin importar cuánto aceite vertía en las jarras, ¡Dios mantuvo su frasco lleno de aceite!

Eliseo le dijo a la mujer que vendiera el aceite para que pudiera tener mucho dinero.

2 REYES 4

Fue Dios quien le mostró a Eliseo cómo ayudar. ¿Quién puede ayudar a tu familia?

A menudo, Eliseo iba de una ciudad a otra para ser el ayudante de Dios en diferentes lugares.

En una ciudad, había un hombre y una mujer que siempre le permitían quedarse en su casa. Un día, el hijo de ellos murió. Pero cuando Eliseo oró, ¡Dios hizo que el niño volviera a la vida!

2 REYES 4

¿Hay algo que Dios no pueda hacer?

Naamán era el soldado más importante del rey. Pero tenía una enfermedad que le causaba unas heridas horribles en su piel. Una muchacha dijo que Eliseo, el ayudante de Dios, podía hacer que Naamán se sanara.

Entonces Naamán montó en su carro hasta el país donde vivía Eliseo.

Eliseo le dijo a Naamán que se lavara siete veces en el río Jordán. Tan pronto como lo hizo, ¡Dios lo sanó!

2 REYES 5

Cuenta sobre alguna vez en la que estuviste enfermo y Dios le mostró al doctor cómo ayudarte.

El rey Joás deseaba que la casa de Dios fuera hermosa.

El pueblo llevó su dinero a la casa de Dios.

El dinero se usó para comprar madera y piedras.

Y también se usó para pagarles a los obreros que hicieron que la casa de Dios fuera hermosa otra vez.

2 REYES 12

¿Le darías una parte de tu dinero a Dios?

Dios le dijo a Jonás que fuera a Nínive. Pero él se fue en un barco hacia otra ciudad. Dios mandó una tormenta.

Jonás fue lanzado por la borda. Un pez enorme se lo tragó.

Después de tres días, el pez lo escupió. Entonces Jonás fue adonde Dios le había dicho que fuera.

JONÁS 1–2

Dale gracias a Dios por ayudarte a hacer las cosas que él quiere que hagas.

Ezequías fue un rey muy bueno. Siempre obedeció a Dios. Otros reyes habían adorado a grandes ídolos de oro que tenían aspecto humano o de animales.

El rey Ezequías y sus ayudantes destruyeron los ídolos. El rey sabía que no eran más que dioses falsos.

2 REYES 18

¿Qué hizo a Ezequías un buen rey?

El rey Josías quería hacer lo correcto, pero no conocía las reglas de Dios. Estas se habían perdido hacía mucho tiempo.

Cuando encontraron las reglas, alguien se las leyó a Josías.

El rey lamentó no haber estado obedeciendo las reglas de Dios. Le pidió perdón a Dios. Y Dios lo perdonó.

2 REYES 22

¿Cómo puedes saber qué es lo correcto?

Jeremías le daba al pueblo mensajes de parte de Dios. La gente no quería escuchar a Jeremías.

Unos hombres lo arrojaron a un pozo profundo para que no pudiera seguir comunicando los mensajes de Dios.

Pero el rey les dijo a sus hombres que sacaran a Jeremías.

JEREMÍAS 38

¿Cómo cuidó Dios a Jeremías?

Daniel y sus tres amigos vivían en un país alejado de su tierra y de su hogar.

Amaban a Dios y querían obedecerlo siempre. Así que Dios los hizo sabios.

Le daban buenos consejos al rey. Siempre tenían la capacidad de decirle qué era lo mejor que podía hacer.

DANIEL 1

¿Quién puede hacerte sabio?

El rey ordenó que su pueblo hiciera una estatua gigante, parecida a él. Dijo que todos tenían que inclinarse ante ella y adorarla.

Los tres amigos de Daniel no quisieron hacerlo. Dijeron que solo adorarían a Dios, sin importar lo que el rey les hiciera.

DANIEL 3

¿Por qué los amigos de Daniel no quisieron hacer lo que el rey ordenó?

El rey se enteró de que Sadrac, Mesac y Abed-nego no querían adorar su estatua de oro.

Por lo tanto, ordenó que los lanzaran a un fuego muy ardiente.

Luego el rey vio a alguien más en el fuego. ¡Era un ángel que Dios había enviado para proteger a los tres hombres!

DANIEL 3

¿Por qué no lastimó el fuego a los hombres?

Una noche, el rey estaba celebrando una gran fiesta. De pronto, todos vieron una mano escribiendo palabras en la pared.

El rey tuvo miedo. Le preguntó a Daniel qué significaban las palabras. Daniel le dijo que era un mensaje de Dios anunciándole que ya no podía seguir siendo el rey.

DANIEL 5

¿Por qué tuvo miedo el rey?

Daniel amaba orarle a Dios. Pero el rey dijo: «No podrán orarle a Dios. En cambio, ¡deben orarme a mí!». Daniel sabía que eso estaba mal, así que siguió orándole solamente a Dios.

Los hombres del rey arrojaron a Daniel a un foso de leones hambrientos.

Pero Dios envió a un ángel. El ángel impidió que los leones lastimaran a Daniel.

DANIEL 6

¿Por qué no lastimaron los leones a Daniel?

Ester era una reina hermosa. Era judía, pero el rey no lo sabía. Él firmó una ley para que mataran a todo el pueblo judío.

La reina Ester tenía miedo, pero fue valiente. Le pidió al rey que salvara a su pueblo. Entonces el rey firmó una nueva ley para ayudar a los judíos.

ESTER 5–8

¿Por qué el rey decidió ayudar al pueblo judío?

El pueblo de Dios construyó un hermoso edificio donde podrían adorarlo.

El pueblo trabajó duro porque deseaba complacer a Dios. Querían tener un lugar especial para orar.

Dios es feliz cuando le oramos y lo adoramos.

ESDRAS 6

¿Te acuerdas de orar?

El pueblo de Dios trabajó duro para levantar una muralla alrededor de Jerusalén.

Le dieron gracias a Dios por ayudarlos. Algunas personas caminaron encima de la muralla, alabando a Dios mientras marchaban.

¡Fue un día muy feliz! El pueblo estaba emocionado porque Dios había mantenido alejados a sus enemigos.

NEHEMÍAS 3, 12

¿Puedes marchar y cantar canciones de gratitud a Dios?

Dios envió al ángel Gabriel para que le dijera a María algo muy importante.

Al principio, María tuvo miedo. Pero el ángel le dijo: «¡Dios quiere que seas la madre de su Hijo, Jesús!». María respondió que haría lo que Dios quisiera. Estaba muy feliz de convertirse en la madre de Jesús.

LUCAS 1

¿Harás cualquier cosa que Dios quiera que hagas?

Zacarías y Elisabet eran muy ancianos cuando tuvieron a su bebé.

Zacarías supo que llamaría Juan al bebé porque el ángel le había dicho que eso debía hacer.

Dios le hizo saber a Zacarías que su hijo, cuando creciera, les hablaría a muchas personas acerca de Jesús.

LUCAS 1

¿Qué puedes contarle a la gente acerca de Jesús?

María y José llegaron a la ciudad de Belén.

La posada estaba llena; por lo tanto, tuvieron que alojarse en un establo, con los animales. El Hijo de Dios nació esa noche. María llamó a su bebé Jesús.

LUCAS 2

¡Cántale una canción a Jesús!

La noche en que nació Jesús, unos pastores estaban cuidando a sus ovejas. Un ángel se acercó a ellos para decirles que podían encontrar al niño Jesús en un pesebre.

De repente, miles de ángeles aparecieron en el cielo.

Alabaron a Dios por enviar a Jesús para ser nuestro Salvador.

LUCAS 2

¡Tú también puedes darle gracias a Dios por Jesús!

Cuando los ángeles se fueron, los pastores dijeron: «¡Vayamos a Belén! Veamos si podemos encontrar a este bebé».

Encontraron a Jesús acostado en un pesebre, tal como había dicho el ángel. ¡Qué emocionados estaban! Le contaron a todo el mundo la buena noticia. Alabaron a Dios todo el camino de regreso a sus campos.

LUCAS 2

¡Tú también puedes contarle a todo el mundo sobre el nacimiento de Jesús!

Simeón era un anciano. Él quería ver al Hijo de Dios antes de morir.

Un día, Dios le dijo a Simeón que tenía que ir al templo. Allí, ¡Simeón vio al niño Jesús!

Simeón tomó en sus brazos
al pequeño Hijo de Dios y
le dio gracias a Dios
por él.

LUCAS 2

¿De quién es Hijo Jesús?

Unos hombres sabios siguieron una estrella especial en el cielo. La estrella los guio a la casa donde vivía el niño Jesús.

Los hombres sabios le dieron regalos a Jesús. Se arrodillaron a alabarlo. Sabían que él sería un gran rey.

MATEO 2

Tú también le puedes dar un regalo a Jesús. ¡Dile que lo amas!

Un ángel le contó a José que Jesús no estaba a salvo en Belén. Egipto era un lugar seguro para Jesús. Entonces José, María y Jesús se fueron hacia Egipto mientras todavía era de noche.

José se sintió contento de poder cuidar al Hijo de Dios.

MATEO 2

¿Quién te cuida a ti?

Dios le envió un ángel a José. El ángel le dijo que era seguro llevar a Jesús de regreso a su tierra.

José sacó a su familia de Egipto. Se fueron a vivir a la aldea de Nazaret. Jesús se convirtió en un muchacho fuerte y sabio. Amaba a sus padres, y ellos lo amaban a él.

MATEO 2, LUCAS 2

Pídele a Dios que te ayude a crecer en fortaleza y en sabiduría.

Cuando tenía doce años, Jesús fue al templo con su familia.

Los maestros se sorprendieron de cuánto sabía Jesús acerca de Dios.

Ellos no sabían que Jesús era el Hijo de Dios. ¡Con razón sabía tanto sobre Dios!

LUCAS 2

¿Dónde puedes aprender más acerca de Dios?

Juan el Bautista era el primo de Jesús.

Cuando Jesús creció, le pidió a Juan que lo bautizara en el río Jordán.

Luego el Espíritu Santo descendió del cielo como una bella paloma.

Y Dios le dijo a Jesús: «Tú eres mi Hijo muy amado y me das gran gozo».

LUCAS 3

¿Qué le dijo Dios a Jesús?

Una noche, un hombre llamado Nicodemo vino a hablar con Jesús.

Jesús le dijo a Nicodemo que Dios ama a todo el mundo tanto que incluso envió a su Hijo para morir por nosotros. Ahora todos los que creen en Jesús, el Hijo de Dios, pueden ir al cielo algún día.

JUAN 3

¿Cómo mostró Dios su amor por nosotros?

Jesús eligió doce hombres para ser sus discípulos. Lo acompañaban a todos lados. Lo vieron hacer muchos milagros, como darles vista a ciegos.

Jesús les enseñó acerca de Dios. Y les contó acerca del cielo, donde vivió antes de venir a la tierra. Él era su amigo. Tú también puedes ser amigo de Jesús.

JUAN 1

¿Te gustaría ser amigo de Jesús?

Jesús estaba cansado y sediento después de una larga caminata. Por eso, le pidió un poco de agua a una mujer.

Le dijo a la mujer que él podía darle la clase de gozo que dura para siempre. Le dijo que Dios lo había enviado. La mujer creyó todo esto y le contó a todo el mundo acerca de Jesús.

JUAN 4

¿Amas a Jesús? Entonces ¡tu gozo también durará para siempre!

Jesús subió a una barca con unos pescadores. Ellos habían estado trabajando toda la noche sin pescar nada.

Jesús les dijo que lo intentaran otra vez.

Los hombres le hicieron caso a Jesús, ¡y sacaron más peces de los que sus redes podían contener! Los pescadores quedaron muy sorprendidos. Decidieron seguir a Jesús.

LUCAS 5

¿Por qué siguieron a Jesús los pescadores?

Jesús estaba enseñándole a una gran multitud. Cuatro hombres querían que Jesús ayudara a un amigo de ellos que no podía caminar.

Así que lo bajaron a través del techo.

Lo colocaron en el piso delante de Jesús.

Primero, Jesús perdonó los pecados del hombre. Después le dijo que se levantara y caminara, ¡y el hombre lo hizo!

¡Todos le dieron gracias a Dios!

LUCAS 5

¿Qué hizo Jesús por el hombre que no podía caminar?

Otro hombre había estado enfermo durante mucho tiempo. Jesús le preguntó si deseaba recuperarse.

El hombre respondió: «¡Sí!». Entonces Jesús le dijo: «¡Ponte de pie y anda!». ¡De pronto, el hombre pudo levantarse y caminar!

JUAN 5

¿Cómo se recuperó el hombre?

Un día, Jesús se sentó en la ladera de una montaña.

Una gran multitud de gente fue a escucharlo hablar de Dios. Jesús les enseñaba cómo amar a Dios y vivir para él.

Jesús dijo que esta era la manera de vivir una vida feliz.

MATEO 5

¿Cómo puedes tener una vida feliz?

Un soldado romano le pidió a Jesús que sanara a su sirviente, quien estaba muy enfermo.

Jesús dijo que iría a la casa del soldado. Pero el soldado creía que Jesús podía quedarse donde estaba y simplemente decir: «Sé sano».

Entonces así lo hizo Jesús. ¡Y el sirviente se sanó tan pronto como Jesús lo dijo!

MATEO 8

¿Qué creyó el soldado que podía hacer Jesús?

El padre de una niña muy enferma le rogó a Jesús que sanara a su hija.

De camino a su casa, Jesús se enteró de que la niña había muerto.

De todas maneras, Jesús fue a la casa. Dijo: «¡Niña, levántate!». La niña se puso de pie. ¡Estaba viva y sana nuevamente!

LUCAS 8

¿Qué hizo Jesús por una niña que había muerto?

Este hombre estaba ciego.
No podía ver nada.

Sus amigos lo llevaron ante Jesús. Le pidieron a Jesús que tocara al hombre y que lo sanara. Jesús puso sus manos sobre los ojos del hombre. De repente, ¡pudo ver todo con claridad!

MARCOS 8

¿Qué hicieron por él los amigos del hombre ciego?

¡Mira las olas enormes!

La barca de los discípulos estaba a punto de hundirse. Jesús dormía tranquilamente dentro de la barca. «¡Despierta!», gritaron sus discípulos. Tenían miedo.

Jesús se levantó y le dijo a la tormenta que se detuviera. Entonces las olas quedaron en calma. Jesús podía hacer cosas maravillosas como estas.

LUCAS 8

¿Qué dijo Jesús que hiciera la tormenta?

¿Alguna vez intentaste caminar sobre el agua? ¡Por supuesto que no! Pero Jesús lo hizo.

Una noche, los discípulos cruzaban el lago en su barca. De pronto, vieron que Jesús caminaba hacia ellos sobre el agua.

¡Gritaron aterrados! Pero Jesús les dijo quién era. Les dijo que no tuvieran miedo.

MATEO 14

¿Por qué tenían miedo los discípulos?

Jesús llevó a Pedro, a Santiago y a Juan a la cima de una montaña alta.

De pronto, el rostro de Jesús comenzó a brillar y sus ropas se hicieron blancas como la nieve.

Luego vieron que Jesús conversaba con Moisés y con Elías, quienes habían vivido hacía mucho tiempo atrás.

Una voz salió de una nube resplandeciente y dijo: «Este es mi Hijo muy amado. Escúchenlo a él».

MATEO 17

¿Qué dijo la voz desde el cielo?

Una gran multitud de personas seguía a Jesús. Cuando tenían hambre, no había tiendas donde comprar comida.

Un muchachito le entregó a Jesús su almuerzo, que consistía de cinco panes y dos pescados.

Luego Jesús hizo que los panes y los pescados se convirtieran en miles de porciones. Todos tuvieron comida suficiente. ¡Incluso quedaron sobras!

JUAN 6

El muchachito le dio su almuerzo a Jesús. ¿Se te ocurre algo que tú puedas darle a Jesús?

Una mujer cuyo esposo había muerto tenía solo dos centavos. En lugar de comprar algo para comer, los puso en la caja de las ofrendas de la iglesia.

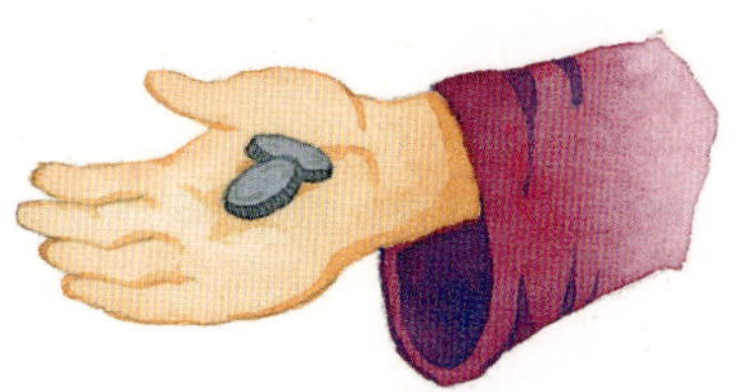

Lo hizo porque amaba a Dios. Jesús dijo que había dado más que los hombres ricos que ponían muchos billetes. Ella dio todo lo que tenía. Pero los hombres ricos solamente le daban a Dios una pequeña parte de su dinero.

LUCAS 21

¿Qué puedes darle a Dios para mostrarle que lo amas?

Algunas madres llevaron a sus hijitos pequeños a Jesús. Querían que los tocara y los bendijera. Los discípulos les dijeron a las madres que no molestaran a Jesús.

Pero Jesús amaba a los niños. Les pidió que se acercaran a él. Jesús dijo que los niños pueden creer en él y amarlo aun de pequeños.

LUCAS 18

¿Amas a Jesús?

Este hombre fue herido por unos hombres que le robaron su dinero. Lo abandonaron semimuerto al costado del camino.

Un hombre que no era de su agrado lo vio tendido allí. Él vendó sus heridas. Luego, subió al hombre a su burro y lo llevó a la ciudad.

Se encargó de cuidarlo. Al hombre que ayudó al herido lo llamamos el buen samaritano.

LUCAS 10

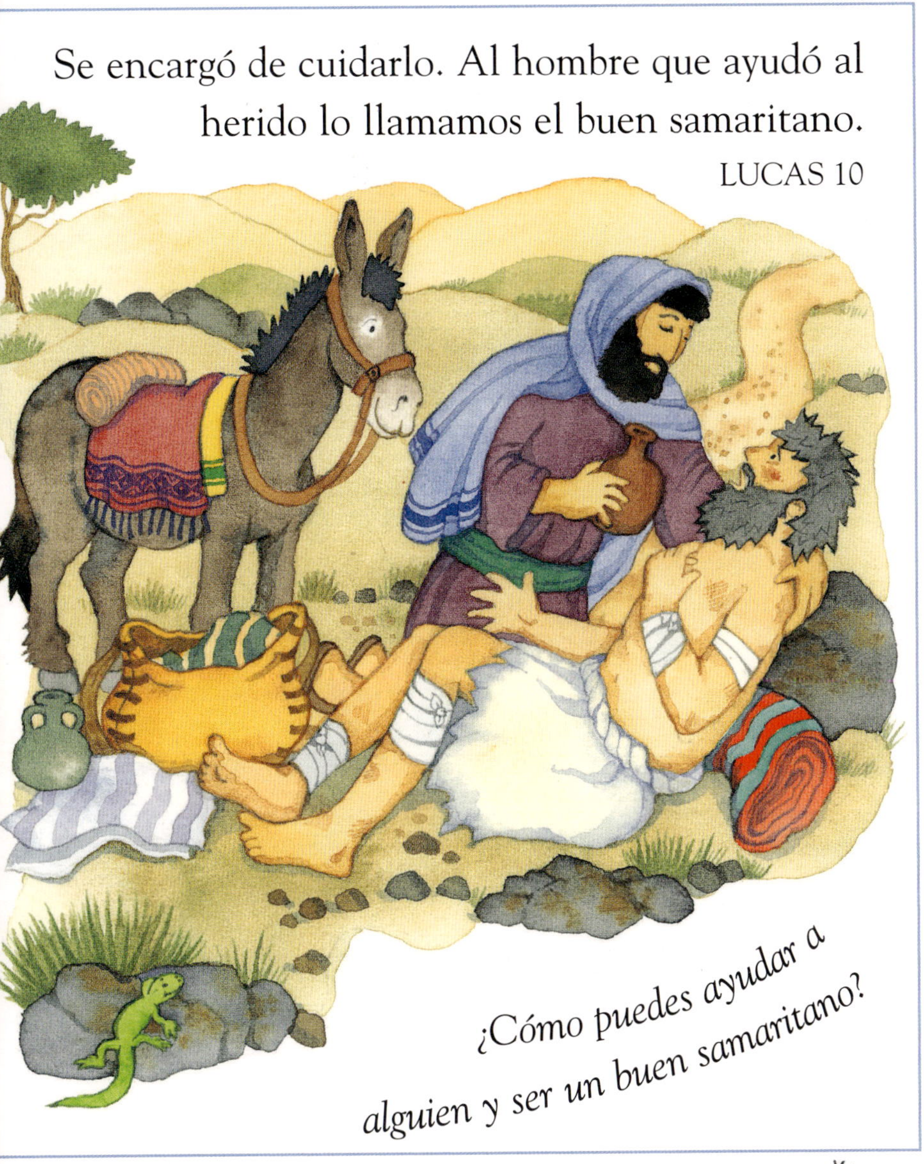

¿Cómo puedes ayudar a alguien y ser un buen samaritano?

A Jesús le gustaba visitar a dos hermanas, María y Marta.

Marta trabajaba mucho en la cocina, preparando la cena para Jesús. María solamente ansiaba sentarse a hablar con él y aprender más acerca de Dios. Marta regañó a María por no ayudarla.

Pero Jesús dijo que María hacía lo correcto al escucharlo. Nosotros escuchamos a Jesús cuando leemos la Biblia.

LUCAS 10

¿Cómo puedes escuchar a Jesús?

Un pastor cuida bien a sus ovejas, de noche y de día.

Jesús dijo que nosotros somos sus ovejas. Y él nos cuida en todo momento. Él es el Buen Pastor, que conoce el nombre de cada una de sus ovejas. Tú eres una ovejita y Jesús te conoce por nombre.

JUAN 10

¿Por qué es un buen pastor Jesús?

María y Marta tenían un hermano llamado Lázaro. Lázaro se enfermó y murió.

Sus hermanas sabían que Jesús podría haberlo sanado. Ahora era demasiado tarde. Lázaro había muerto.

Pero Jesús fue a la tumba de Lázaro y gritó: «¡Lázaro, sal de ahí!». Y Lázaro salió de la tumba, ¡vivo otra vez!

JUAN 11

¿Cómo ayudó Jesús a Lázaro?

Diez hombres que tenían llagas muy feas le pidieron a Jesús que los sanara.

Jesús les dijo que fueran y le mostraran a su pastor que las llagas habían desaparecido.

Mientras que se iban, ¡de pronto recuperaron la salud!

Pero solo uno de los hombres volvió a agradecerle a Jesús. Jesús se preguntó por qué los demás hombres no le dieron las gracias.

LUCAS 17

¿Por qué cosas puedes darle gracias hoy a Jesús?

Un hombre tenía dos hijos. El menor le pidió a su padre una gran cantidad de dinero.

Luego, ese hijo se fue a vivir muy lejos. Hizo cosas malas. Pronto se le acabó el dinero. Regresó a su casa para decirle a su padre: «Me equivoqué». Su padre estaba esperándolo y corrió a su encuentro. ¡Le dio un gran abrazo a su hijo!

LUCAS 15

¿Cómo le demostró el padre a su hijo que seguía amándolo?

Zaqueo no le caía bien a las personas. Las engañaba y les quitaba su dinero. Pero Zaqueo quería ver a Jesús.

Era demasiado bajito para ver por encima de la multitud, así que se subió a un árbol.

Cuando Jesús pasó caminando cerca de él, levantó la vista y le dijo a Zaqueo: «Me voy a quedar en tu casa».

Después de que Zaqueo conoció a Jesús, dejó de robarse el dinero de la gente.

LUCAS 19

¿Qué le dijo Jesús a Zaqueo?

Un día, Jesús entró en Jerusalén montando un burro.

Los niños cantaban canciones sobre lo maravilloso que era Jesús.

Muchas personas agitaban ramas de palmeras. Le daban gracias a Dios por Jesús. Querían que Jesús fuera su nuevo rey.

MATEO 21

¡Dile a Dios cuán maravilloso es Jesús!

Una noche, durante la cena, Jesús les dijo a sus discípulos que esa sería la última vez que comería con ellos en esta tierra.

Él sabía que unos soldados se lo llevarían esa noche y lo matarían.

Jesús murió por ti y por mí, para que Dios pueda perdonarnos por las cosas malas que hacemos.

LUCAS 22

¿Por qué fue esta la última comida que Jesús compartió en este mundo con sus discípulos?

Después de la cena, Jesús llevó a sus discípulos a un huerto, para orar. Jesús se sentía muy triste.

Sabía que los soldados llegarían pronto. Se arrodilló y oró pidiéndole ayuda a Dios. Sus discípulos no colaboraron en nada porque ¡todos se quedaron dormidos! Pero Dios envió a un ángel para que ayudara a darle fuerzas y valentía a Jesús.

LUCAS 22

¿Por qué le mandó Dios un ángel a Jesús?

Judas era uno de los discípulos de Jesús, pero solamente fingía amar a Jesús. Ciertos líderes le dieron dinero a Judas para que les dijera dónde podían encontrar a Jesús.

Judas guio a algunos soldados para que arrestaran a Jesús.

Los otros discípulos se asustaron.
No ayudaron a Jesús.
Todos huyeron.
LUCAS 22

¿Por qué los discípulos no ayudaron a Jesús?

Pedro era uno de los discípulos de Jesús. Tenía miedo de los soldados que se habían llevado a Jesús. Por eso, les dijo a tres personas: «¡Yo no conozco a Jesús!».

Después Pedro se arrepintió de haber mentido. Jesús lo perdonó. Luego de eso, ¡Pedro quiso contarle a todo el mundo acerca de Jesús!

LUCAS 22

¿Cómo se sintió Pedro después de mentir? Entonces, ¿qué hizo Jesús?

Los soldados llevaron a Jesús ante un juez llamado Pilato.

Pilato decidió que Jesús no había hecho nada malo. Quería soltarlo. Pero la gente seguía gritando: «¡Mátalo, mátalo!».

Siguieron gritando cada vez más fuerte hasta que Pilato les dijo a los soldados que podían hacer esa cosa terrible.

LUCAS 23

¿Por qué Pilato no liberó a Jesús?

Los soldados clavaron a Jesús sobre una cruz de madera. Colocaron a dos hombres malos en otras cruces junto a él.

Uno de los hombres se arrepintió de sus pecados. Le pidió a Jesús que lo perdonara. Jesús dijo que sí, que lo haría.

Jesús perdona a todos los que le piden que lo haga. Él te perdonará a ti.

LUCAS 23

¿Qué debemos hacer si queremos que Jesús nos perdone?

Después de que Jesús murió, algunos de sus amigos pusieron su cuerpo en una cueva.

Colocaron una piedra enorme frente a la cueva para que nadie pudiera entrar ni salir.

Pero un domingo, temprano por la mañana, ¡Jesús resucitó y salió de la tumba! ¡Estaba vivo!

LUCAS 24

¿Jesús se quedó en la cueva?

Los amigos de Jesús apenas podían creer que Jesús estuviera vivo de nuevo. Por eso, él les mostró las cicatrices de los clavos en sus manos y en sus pies.

Un día, ¡subió al cielo y desapareció en una nube! Volvió a su Padre en el cielo. Algún día, ¡volverá a la tierra!

LUCAS 24, HECHOS 1

¿Adónde fue Jesús?

Después de que Jesús se fue al cielo, sus amigos tuvieron una gran reunión. De repente, ¡hubo un ruido muy fuerte!

Unas llamas de fuego se posaron sobre sus cabezas, pero el fuego no los quemaba.

El Espíritu Santo de Dios vino a vivir en su corazón.
El Espíritu Santo nos ayuda a creer en Jesús.

HECHOS 2

¿Quién vino a vivir en el corazón de los amigos de Jesús?

Pablo no creía que Jesús era el Hijo de Dios. Incluso intentó matar a las personas que creían en Jesús.

Un día, una luz brillante lo cegó y él cayó al suelo.

Entonces escuchó una voz. ¡Era Jesús!

Luego de eso, Pablo viajó a muchos lugares para hablarle a la gente acerca de Jesús.

HECHOS 9

¿De quién era la voz que escuchó Pablo?

Muchas personas creyeron en Jesús cuando escucharon predicar a Pablo en Damasco.

Pero algunas personas querían matarlo. Lo esperaron a las puertas de la ciudad.

Los amigos de Pablo lo metieron en un canasto muy grande. Luego, lo bajaron al suelo a través de un agujero que había en la muralla. ¡Así se salvó!

HECHOS 9

Los amigos de Pablo, ¿cómo lo ayudaron?

Un hombre llamado Cornelio quería saber más acerca de Dios.

Entonces, un ángel le dijo a Cornelio dónde podía encontrar a Pedro.

Cornelio mandó a dos de sus sirvientes para que invitaran a Pedro a visitarlo.

Después Pedro les dijo a Cornelio y a sus amigos cómo Jesús podía perdonar sus pecados.

HECHOS 10

¿Qué le dijo Pedro a Cornelio?

«¡Deja de hablarle de Jesús a la gente!», le dijeron los soldados a Pedro. Pero Pedro no quiso dejar de hacerlo.

Así que lo encarcelaron y lo encadenaron a dos soldados.

Sin embargo, esa noche llegó un ángel y le dijo a Pedro: «¡Ven conmigo!».

Las cadenas de Pedro cayeron al suelo y las puertas de la prisión se abrieron. ¡Pedro quedó libre!

HECHOS 12

¿Cómo salió Pedro de la prisión?

La madre y la abuela de Timoteo amaban a Dios.

Sabían que Jesús las amaba y que había muerto en la cruz para que Dios pudiera perdonar sus pecados. Le enseñaron estas cosas a Timoteo desde que era muy pequeño, y él le entregó su vida a Jesús. Timoteo le dijo a Dios que siempre lo obedecería.

2 TIMOTEO 1

¿Quién le enseñó a Timoteo sobre Jesús?

Pablo se encontró con un grupo de mujeres que estaban orando a orillas de un río.

Les contó a todas sobre Jesús el Hijo de Dios.

Una de las mujeres era Lidia. Ella creía en Dios, pero nunca había escuchado hablar acerca de Jesús.

Después de escuchar a Pablo, Lidia también creyó en Jesús.

HECHOS 16

¿Cómo *supo Lidia acerca* de Jesús?

Unos hombres encarcelaron a Pablo y a Silas por predicar acerca de Jesús. Durante la noche, los hombres cantaban alabanzas a Dios.

Entonces Dios mandó un terremoto. ¡Las puertas de la prisión se abrieron de golpe y a los prisioneros se les cayeron las cadenas!

El carcelero se llenó de miedo. Pablo les habló a él y a su familia acerca de Jesús. ¡Entonces todos creyeron en Jesús!

HECHOS 16

¿Qué sucedió después del terremoto?

Pablo conoció a un matrimonio: Aquila y Priscila.

Se ganaban la vida haciendo carpas. Pablo también hacía carpas.

Él les enseñó todo acerca de Jesús, el Hijo de Dios. Y ellos creyeron en Jesús.

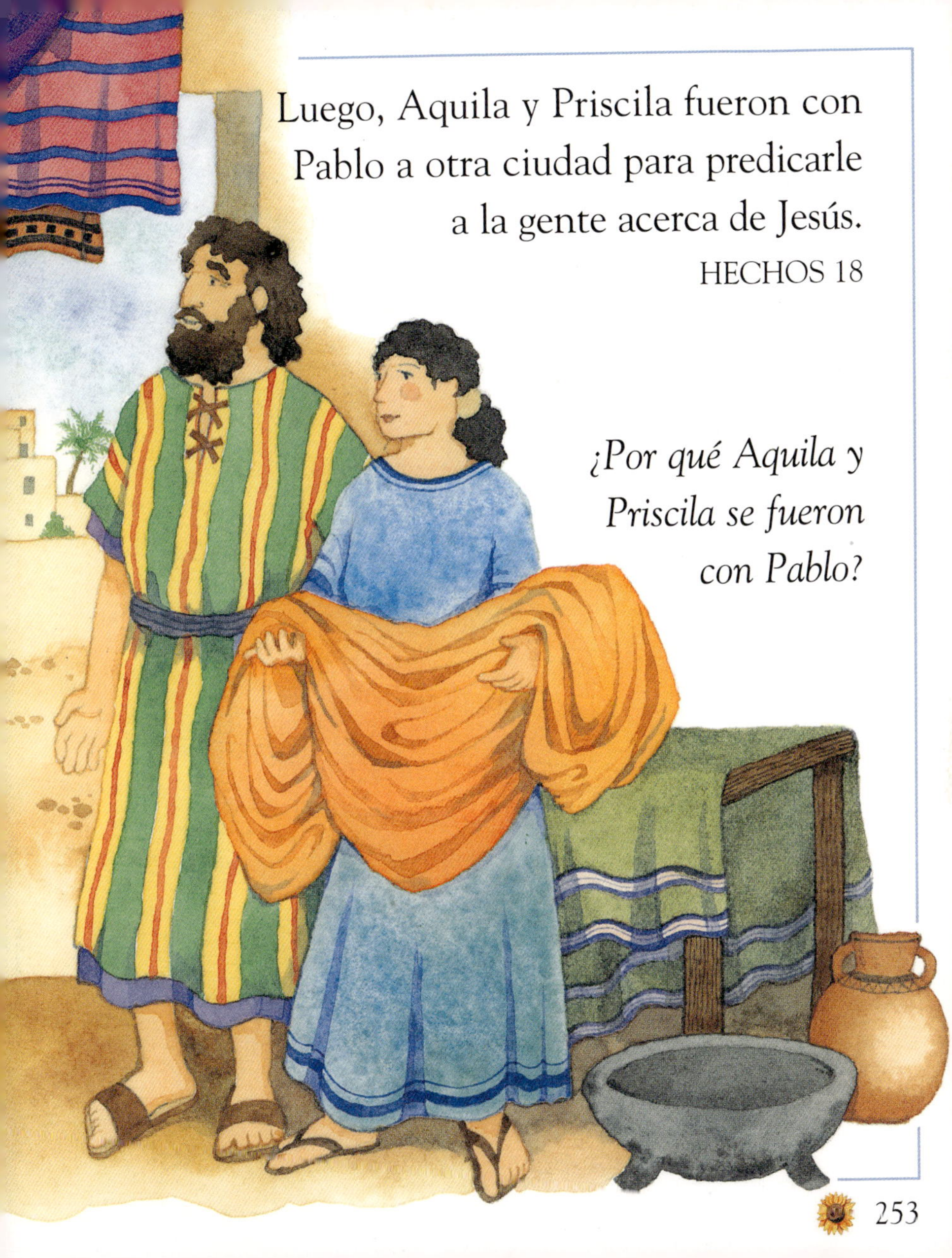

Luego, Aquila y Priscila fueron con Pablo a otra ciudad para predicarle a la gente acerca de Jesús.

HECHOS 18

¿Por qué Aquila y Priscila se fueron con Pablo?

Juan había sido uno de los mejores amigos de Jesús. Cuando Juan era muy anciano, Jesús vino a él en una visión. Jesús le contó a Juan las cosas que sucederán.

Lo mejor es esto: un día, ¡Jesús regresará! Entonces todos los que crean en Jesús estarán en el cielo con él para siempre.

APOCALIPSIS 1

¿Qué fue lo mejor que Jesús le dijo a Juan?

Kenneth N. Taylor es mejor conocido como el creador de *The Living Bible*, que ha vendido alrededor de cuarenta millones de ejemplares. Esa Biblia ha sido corregida por un grupo de eruditos en las Escrituras, para transformarse en la *New Living Translation*. El mismo método de traducción se usó para crear la *Nueva Traducción Viviente* en español.

En junio del 2005, Kenneth Taylor partió a su hogar celestial para estar con el Salvador a quien tanto amaba. Lo sobreviven su esposa, Margaret, diez hijos adultos, veintiocho nietos y más de veinte biznietos, ¡de manera que él personalmente pudo hablarles a muchos niños acerca de Dios!

A través de sus libros infantiles, el Dr. Taylor sigue compartiendo el evangelio con niños y niñas hoy en día. Algunos de sus libros más queridos incluyen: *Big Thoughts for Little People* (Meditaciones para niños), *The Bible in Pictures for Little Eyes* (La Biblia en cuadros para niños) y *Everything a Child Should Know about God* (Todo lo que un niño debería saber sobre Dios).